BEI GRIN MACHT SICH IHR WISSEN BEZAHLT

- Wir veröffentlichen Ihre Hausarbeit,
  Bachelor- und Masterarbeit

- Ihr eigenes eBook und Buch -
  weltweit in allen wichtigen Shops

- Verdienen Sie an jedem Verkauf

Jetzt bei www.GRIN.com hochladen und kostenlos publizieren

Bibliografische Information der Deutschen Nationalbibliothek:

Die Deutsche Bibliothek verzeichnet diese Publikation in der Deutschen National-
bibliografie; detaillierte bibliografische Daten sind im Internet über http://dnb.d-
nb.de/ abrufbar.

Impressum:

Copyright © 2015 GRIN Verlag, Open Publishing GmbH
Druck und Bindung: Books on Demand GmbH, Norderstedt Germany
ISBN: 9783668407534

Nils C.

Strategieanalyse der KUKA AG als Teil der Spezialma-schinenbaubranche

GRIN Verlag

GRIN - Your knowledge has value

Der GRIN Verlag publiziert seit 1998 wissenschaftliche Arbeiten von Studenten, Hochschullehrern und anderen Akademikern als eBook und gedrucktes Buch. Die Verlagswebsite www.grin.com ist die ideale Plattform zur Veröffentlichung von Hausarbeiten, Abschlussarbeiten, wissenschaftlichen Aufsätzen, Dissertationen und Fachbüchern.

Besuchen Sie uns im Internet:

http://www.grin.com/

http://www.facebook.com/grincom

http://www.twitter.com/grin_com

KUKA

Strategieanalyse der Spezialmaschinenbaubranche am Beispiel der KUKA AG

Gliederung

1. Vorgehensweise

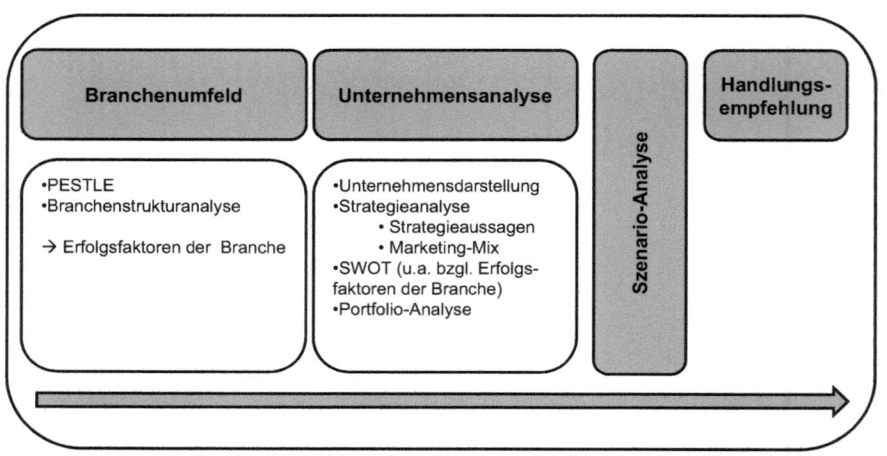

2. Branchenumfeld

2. Branchenumfeld - Markttypen

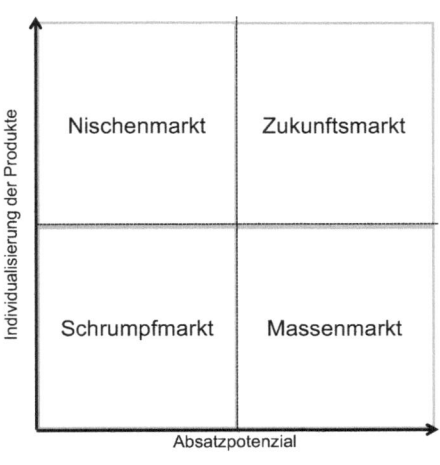

Nischenmarkt   Zukunftsmarkt

Schrumpfmarkt   Massenmarkt

Individualisierung der Produkte

Absatzpotenzial

<u>Nischenmarkt:</u>

- Hohe Gewinnmargen
- Geringe Nachfrage
- Wenige Konkurrenten

<u>Zukunftsmarkt:</u>

- Hohes Entwicklungspotenzial
- (noch) geringe/ keine Konkurrenz

<u>Schrumpfmarkt:</u>

- Starke Konkurrenz
- Abnehmende Nachfrage
- Wenig/ keine Entwicklungschancen

<u>Massenmarkt:</u>

- Starke Nachfrage
- Starker Wettbewerb / Preiskampf

Quellen: Godefroid, P., Pförtsch, W.A. (2008) S. 21f; Mankiw, N.G., Taylor, M.P. (2008) S.76ff

---

2. Branchenumfeld - Nische

Definition:
Eine Nische ist ein rentabler Teilmarkt, der entsteht, wenn sich ein Anbieter in einem segmentierten Markt auf bestimmte Kunden, Produkte oder Regionen konzentriert und dort die Bedürfnisse erstmals oder genauer erfüllt.

Kerneigenschaften einer Nische

- Wenig Konkurrenten
- Hohe Gewinnmargen
- Geringere Umsätze
- Hohe Kundenbindung
- Keine starke Nachfrage
- Hohe Kompetenz erforderlich
- Imitationsschutz wichtig
- Spezialisierung auf eine Zielgruppe/ ein Produkt/ eine Region

Einordnung des Nischenmarktes

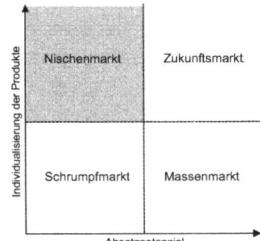

Nischenmarkt   Zukunftsmarkt

Schrumpfmarkt   Massenmarkt

Individualisierung der Produkte

Absatzpotenzial

Strategieoptionen im Nischenmarkt:
Kostenführerschaft oder höchste Differenzierung der Produkte bzw. beide Varianten

Quellen: Godefroid, P., Pförtsch, W.A. (2008) S. 21f

2. Branchenumfeld - Wettbewerb

Branchendaten

Marktvolumen:	ca. 25 Mrd. €
Marktführer:	DMG Mori Seiki (17,6 % Marktanteil)
Ø Lebensdauer Industrieroboter:	7-10 Jahre

Herkunft der Konkurrenz		Absatzmärkte	
Heute	**Zukünftig**	**Heute**	**Zukünftig**
1. Deutschland	1. Deutschland	1. USA	1. China
2. USA	2. China	2. Indien	2. Brasilien
3. Japan	3. USA	3. Japan	3. Russland
4. China	4. Japan	4. Deutschland	4. USA

SIEMENS   KUKA DMG / MORI SEIKI
SANY

Quelle: Statista.de (2013)

2.1. PESTLE-Analyse

Faktor	Trend	Wirkung	Mögliche Maßnahmen	Einfluss auf KUKA*	Eintritts-wahrscheinlichkeit*
Political					
Steigende Subventionen in China	Subventionen für chinesische Unternehmen im Inland steigen	Steigende F&E-und Innovationsfähigkeit der Unternehmen; Kostenvorteile	Forderung nach erhöhten Subventionen für deutsche Unternehmen durch Lobbyismus	4	5
Innovationsschutz / Produktpiraterie	Maßnahmen gegen Produktpiraterie in Asien // steigende Produktpiraterie in Europa/Deutschland	Gefahr der Produktpiraterie in Asien zwar sinkend, dennoch großes Gefahrenpotenzial // Steigendes Risiko in Europa/D	Frühzeitige Anmeldung von Patentrechten in China, Prüfung von Lieferanten (ggf. auch auf gemeinsames Vorgehen gegen Plagiate)	5	3
Fachpersonal	Steigender Fachkräftemangel in Deutschland	Verlust von Know-How/ sinkende Differenzierungsfähigkeit	Einkauf von qualifiziertem Fachpersonal aus Osteuropa/ Indien	2	3
Economical					
Beschaffungskosten	Steigender Wettbewerb um knappe Rohstoffe	Kostenerhöhung	Lieferantenbeziehungen/ Optimierung der Einkaufsabteilung	5	5
Entwicklung China	China verfolgt das Ziel, sich bis 2015 unabhängiger von ausländischen Unternehmen zu machen	Exportrückgang	Kooperationen/ Entwicklung/ Produktion in China bzw. für den chin. Markt	3	4
Verschiebung der Märkte in BRIC-Staaten	Zukünftige Hauptabsatzmärkte in Brasilien, Russland, Indien und China	Zukünftige Hauptabsatzmärkte verschieben sich von Europa/ USA nach Asien, Südamerika, Russland	Frühzeitige Etablierung in diesen Märkten	5	5

1= gering; 5= sehr hoch
Quellen: http://www.muenchen.ihk.de/de/international/Anhaenge/Produktpiraterie-Merkblatt-Praeventivmassnahmen.pdf
http://www.focus.de/finanzen/news/konjunktur/zu-wenig-fachkraefte-oecd-warnt-deutschland-wirtschaftskraft-schwinde_aid_713949.html

Faktor	Trend	Wirkung	Mögliche Maßnahmen	Einfluss auf KUKA*	Eintritts-wahrschein-lichkeit*
Sociological					
Bevölkerungswachstum/ Demografie	Überalterung in China	Weniger potenzielle Mitarbeiter		2	3
Bildungsniveau	Bildungsniveau in China steigt	Anzahl geeigneter Mitarbeiter steigt	Innerbetriebliche Aus- u. Fortbildung forcieren	2	3
Arbeitsbedingungen	Stärkere Wahrnehmung adäquater Arbeitsbedingungen	Imageverlust/ MA-unzufriedenheit bei Nichtbeachtung		1	2
Technological					
Differenzierung	Wettbewerb fordert höhere Differenzierung	Sicherung & Gewinnung von Marktanteilen über USP		1	5
Innovationen	Innovationen gewinnen an Bedeutung		Prozess- und Produktinnovationen	1	4
Softwareanteil	Steigender Anteil an Software in den Produkten	Neue Kompetenzen erforderlich	Aus- und Weiterbildung; Zukauf	2	4
Vernetzung	Vernetzung in Produktionsabläufen	Höhere Flexibilität und Know-How erforderlich			
Legal					
Innovationsschutz	Steigende Produktpiraterie in Europa/Deutschland	Gefahr der Produktpiraterie/ Steigendes Risiko in Europa/D	Frühzeitige Anmeldung von Patentrechten in China, Prüfung von Lieferanten	5	3
Ecological					
Energieverbrauch	Energieverbrauch soll verringert werden	Sinkende Energiekosten; Weniger Belastung für die Umwelt; Imageeinfluss	Energiesparender produzieren durch neue Maschinen	3	4
Rohstoffverknappung	Wettbewerb um knapper werdende Rohstoffe steigt	Steigende Rohstoffpreise	F&E vorantreiben für Alternativen	3	3

Quelle: https://www.unternehmerperspektiven.de/de/studien/11studie/11studie_3.html

2.1. PESTLE-Analyse: Zusammenfassung

P — Steigende Subventionen in China

Forderung nach erhöhten Subventionen für deutsche Unternehmen durch Lobbyismus

E — Verschiebung der Märkte in BRIC-Staaten

Frühzeitige Etablierung in diesen Märkten

S — Demografische Veränderung/ Fachkräftemangel

Förderung von Aus- und Weiterbildung; frühzeitige Bindung potenzieller Fachkräfte

T — Differenzierung der Produkte und Innovationen als Erfolgsfaktoren

USP entwickeln; F&E intensivieren

L — Steigende Produktpiraterie fordert Maßnahmen zum Innovationsschutz

Frühzeitige Anmeldung von Patenten; Lieferantenaudits & gemeinsamer Innovationsschutz

E — Verknappung der Rohstoffe führt zu höheren Beschaffungspreisen

Suche nach Alternativen durch erhöhte F&E

2.2. Branchenstrukturanalyse (nach Porter)

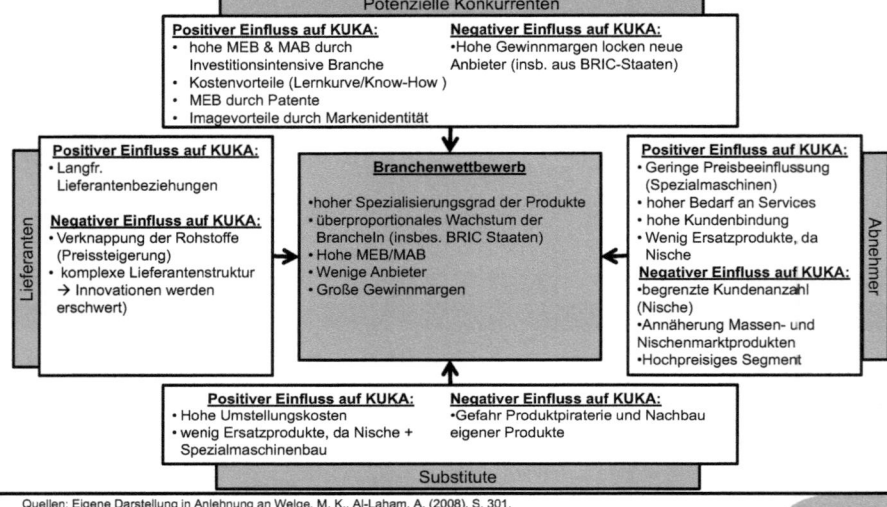

Potenzielle Konkurrenten

Positiver Einfluss auf KUKA:
- hohe MEB & MAB durch Investitionsintensive Branche
- Kostenvorteile (Lernkurve/Know-How)
- MEB durch Patente
- Imagevorteile durch Markenidentität

Negativer Einfluss auf KUKA:
- Hohe Gewinnmargen locken neue Anbieter (insb. aus BRIC-Staaten)

Lieferanten

Positiver Einfluss auf KUKA:
- Langfr. Lieferantenbeziehungen

Negativer Einfluss auf KUKA:
- Verknappung der Rohstoffe (Preissteigerung)
- komplexe Lieferantenstruktur
→ Innovationen werden erschwert)

Branchenwettbewerb
- hoher Spezialisierungsgrad der Produkte
- überproportionales Wachstum der Brancheln (insbes. BRIC Staaten)
- Hohe MEB/MAB
- Wenige Anbieter
- Große Gewinnmargen

Abnehmer

Positiver Einfluss auf KUKA:
- Geringe Preisbeeinflussung (Spezialmaschinen)
- hoher Bedarf an Services
- hohe Kundenbindung
- Wenig Ersatzprodukte, da Nische

Negativer Einfluss auf KUKA:
- begrenzte Kundenanzahl (Nische)
- Annäherung Massen- und Nischenmarktprodukten
- Hochpreisiges Segment

Positiver Einfluss auf KUKA:
- Hohe Umstellungskosten
- wenig Ersatzprodukte, da Nische + Spezialmaschinenbau

Negativer Einfluss auf KUKA:
- Gefahr Produktpiraterie und Nachbau eigener Produkte

Substitute

Quellen: Eigene Darstellung in Anlehnung an Welge, M. K., Al-Laham, A. (2008), S. 301.
Grant, R. M., Nippa, M. (2006), S. 105ff

2.2. Beurteilung Branchenstrukturanalyse

Höchste Risikofaktoren: „Lieferanten" und „Abnehmer"

- Lieferanten:
  - Steigender Wettbewerb um Rohstoffe bringt Gefahr steigender Preise mit sich
    → Internalisierung der Rohstoffgewinnung?
  - Komplexe Lieferantenstruktur erschwert konstruktive Kooperationen mit Ziel von Innovationen

- Abnehmer:
  - Begrenzte Abnehmerzahl → begrenzter Umsatz
  - Globalisierung ab
  - Chancen:Unterschied zwischen Massen- und Nischenprodukten nimmt im Rahmen der
    - Starke Kundenbindung
    - Geringe Preisbeeinflussung durch Abnehmer, da komplexe Güter der Spezialmaschinenbaubranche
    - Hoher Bedarf an Services („After-Sales")

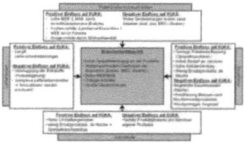

Weitere relevante Faktoren:

- Branchenwettbewerb:
  - Hoher Differenzierungsgrad der Produkte wichtig
  - Hohes Wachstumspotenzial in BRIC-Staaten
- Substitute:
  - Innovationsschutz
- Potenzielle Konkurrenten:
  - Hohe Markteintrittsbarrieren, da investionsintensive Branche

In der Spezialmaschinenbaubranche spielen <u>Lieferanten</u> und <u>Abnehmer</u> eine entscheidende Rolle. Besonderer unternehmerischer Fokus sollte auf die komplexe Lieferantenstruktur, die begrenzte Abnehmerzahl und die starke Kundenbindung in Verbindung mit dem hohen Bedarf an Services gelegt werden.

2.3. Erfolgsfaktoren der Spezialmaschinenbaubranche

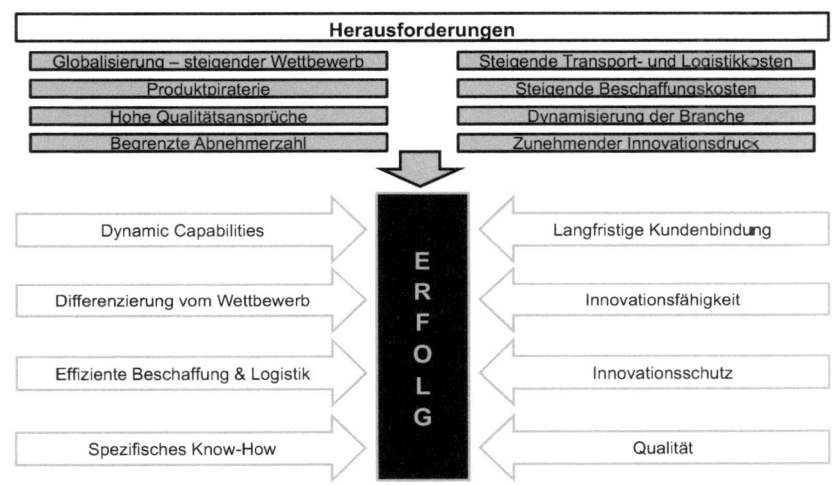

2.4. Branchenumfeld - Zusammenfassung

PESTLE-Analyse der Branche

- Steigende Produktpiraterie fordert Maßnahmen zum Innovationsschutz
- Steigender Wettbewerb um Rohstoffe – steigende Beschaffungskosten
- Demografische Veränderung/ Fachkräftemangel
- Differenzierung der Produkte und Innovationen als Erfolgsfaktoren
- Steigende Subventionen in China
- Verschiebung der Märkte in BRIC-Staaten

Branchenstrukturanalyse

In der Spezialmaschinenbaubranche spielen Lieferanten und Abnehmer eine entscheidende Rolle. Besonderer unternehmerischer Fokus sollte auf die komplexe Lieferantenstruktur, die begrenzte Abnehmerzahl und die starke Kundenbindung in Verbindung mit dem hohen Bedarf an Services gelegt werden.

Erfolgsfaktoren der Branche

- Wirtschaftlichkeit (investitionsintensive Branche)
- TQM (Qualität der Produkte entscheidend)
- Innovationsfähigkeit (hoher Innovationsdruck)
- Innovationsschutz (Produktpiraterie nimmt zu)
- Langfristige Kundenbindung (begrenzte Abnehmerzahl)
- Dynamic Capabilites (Flexibilität der Produkte u. Unternehmen sehr relevant)

3. Unternehmensanalyse

3.1. Unternehmensdarstellung KUKA AG

Branche:	Spezialmaschinenbau
Unternehmensform:	Aktiengesellschaft
Geschäftsbereiche:	Robotics
	Systems
Gründung / Sitz:	1898/ Augsburg, Deutschland
Leitung:	Till Reuter
Umsatz:	1,33 Mrd.
Mitarbeiter :	7.842

Key Figures*

- EBIT-Marge: 6,6%
  - Robotics: 10,8%
  - Systems: 5,8%
- Auftragseingänge: 1,44 Mrd. €
- Investitionen: 33,8 Mio. €
- ROCE: 32,3%**

- Absatzmärkte:
  - Deutschland
  - Europa
  - China
  - USA

- Top-Produkte:
  - KR AGILUS
  - LBR iiwa
  - Knickarmroboter

Quellen: *Alle Kennzahlen – Stand September 2013 (3.Quartal)   **Stand Dezember 2012
http://www.kuka-ag.de (2013); http://www.kuka-systems.com (2013);
http://www.maschinenmarkt.vogel.de/themenkanaele/automatisierung/robotik/articles/414146/

3.1. Unternehmensdarstellung KUKA AG

Aktuelle Fakten:

- KUKA AG eröffnet Werk in China und baut lokales Geschäft weiter aus (12/2013)
- KUKA AG plant Mehrheitsbeteiligung an REIS ROBOTICS (12/2013)
- KUKA holt Auftrag über 1.125 Roboter bei chinesischem Automobilhersteller (12/2013)
- KUKA gewinnt Auftrag über 250 Roboter bei größtem Nutzfahrzeughersteller Chinas (12/2013)
- Kooperation mit SIEMENS AG im Bereich „Steuerung Robotics" mit Ziel „Industrie 4.0" bekannt gegeben (09/2013)
- KUKA AG wird führender Automotive Systems Anbieter in Nordamerika - auch aufgrund des Zukaufs von UTICA (04/2013)

Quellen:http://www.maschinenmarkt.vogel.de/themenkanaele/automatisierung/robotik/articles/414146/
http://www.manager-magazin.de/unternehmen/artikel/kuka-eroeffnet-werk-in-china-a-938158.html
http://www.kuka-ag.de (2013); http://www.kuka-systems.com (2013); http://www.kuka-robotics.com (2013)

3.2. Strategieanalyse

Strategieaussagen des Unternehmens:
- Ausbau Innovations- und Technologieführerschaft
- Erweiterung des Produktportfolios
- Diversifizierung nach Industrien und regionalen Märkten zur konsequenten Nutzung von Wachstumschancen (BRIC)
- Profitables Wachstum durch Effizienz- und Produktivitätssteigerung

Technologie	Märkte
KUKA ist mit seinen Lösungen in „intelligenten Robotics" und „Automation" immer einen Schritt voraus.	KUKA verschafft seinen Kunden weltweit den entscheidenden Vorsprung. Dabei bestimmt nachhaltiges Wirtschaften unser Handeln.
Mitarbeiter	**Partner**
KUKANER arbeiten mit Leidenschaft kreativ an den Aufgaben. Großes Engagement und hohe Kompetenz der KUKANER sind das wichtigste Gut. KUKA bietet weltweite Entwicklungsmöglichkeiten.	KUKA arbeitet vertrauensvoll und verlässlich mit allen Partnern zusammen. So sichert KUKA nachhaltig den Erfolg für alle Beteiligten.

Unternehmensleitbild

Quelle: Eigene Darstellung in Anlehnung an: http://www.kuka-ag.de/de/company/corporate_philosophy/
http://www.kuka-ag.de/de/company/strategy/

3.2. Marketing-Mix

Preispolitik
- Hochpreispolitik

Produktpolitik
- Hoch differenzierte Produkte
  → individuelle Kundenlösungen
- Ganzheitliche Produktlösungen
- Breites Produktportfolio

Distributionspolitik
- Ausweitung des Absatzgebietes durch Internationalisierung auch mit Hilfe von Kooperationen
- Ausbau eines Händlernetzes weltweit „Official KUKA System Partner"

Kommunikationspolitik
- Hohe Präsenz auf Fachmessen
- Fachzeitschriften

Erkenntnisse aus dem Marketing-Mix:
- Hochpreisige & hoch differenzierte Produkte sowie ganzheitliche Produktlösungen werden primär über Fachmessen und ein Vertriebsnetz vertrieben
- Höchstes Ziel → Ausweitung des Absatzgebietes (weltweit)

3.3. SWOT KUKA AG

Strengths
- Innovationsführer
- Hochqualitative Produkte („Made in Germany")
- Breites Portfolio
- Globale Präsenz
- Stabile Auftragslage

Weaknesses
- Kundenstruktur auf Premiumsegment ausgerichtet
- Geringe Flexibilität
- Kein ausreichender Fokus auf Services / After-Sales
- Hohe Abhängigkeit von Abnehmerbranchen
- Hohes Kostenniveau in Deutschland

Opportunities
- Kooperation mit SIEMENS AG
- Kundenstruktur erweitern
- Synergieeffekte durch Zukäufe
- Steigende Volatilität der Produktlebenszyklen
  → entgegenwirken durch Innovationen
- Marktpotenzial in China (steigende Lohnkosten
  → steigender Nachfrage von Robotern)
- (langfristig: Expansion nach Afrika, Naher Osten)
- Hohe Exportquote in der Maschinenbaubranche

Threats
- Zu schnelles Wachstum
- Rückläufige/geminderte Umsatzerlöse (Wirtschaftswachstumsrate der BRIC-Staaten niedriger als erwartet)
- Zu komplexe Lieferantenstruktur
- Zunehmende Produktpiraterie
- Steigende Einkaufs, Logistik- und Transportkosten
- Konkurrenzzunahme durch Globalisierung
- Steigende Lohnkosten führen zu höheren Produktionskosten in China
- Hohe Abhängigkeit vom chinesischen Markt

3.3. SWOT <-> Erfolgsfaktoren

Erfolgsfaktor	SWOT – KUKA	KUKA
Dynamic Capabilities	Geringe Flexibilität (u.a. neues Werk in China)	
Differenzierung	Breites Portfolio, Technologieführerschaft	
Innovationsfähigkeit	Innovationsführer	
Innovationsschutz	Viele Patentanmeldungen ca. 150 in 2011 in D	
Wirtschaftlichkeit	Hohes Kostenniveau in Deutschland	
Qualität	„Made in Germany"	
Langfristige Kundenbindung	In Leitbild verankert	

Aufgedeckte Potenziale der KUKA AG:
Dynamic Capabilities   Innovationsschutz
Differenzierung   Wirtschaftlichkeit

3.4. Portfolio-Analyse

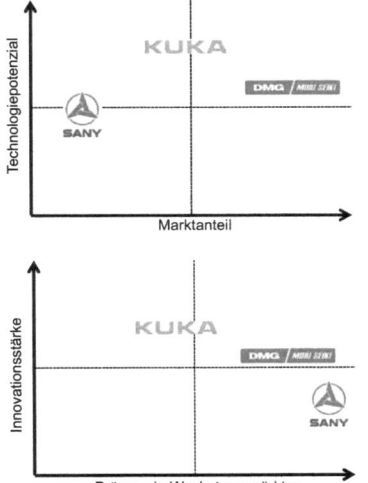

DMG Mori Seiki ist mit ca. 17% Marktanteil alleiniger Marktführer, KUKA ist mit ca. 6% an zweiter Stelle im Markt. KUKA ist Technologieführer in der Branche. DMG verfügt ebenfalls über ein sehr hohes Technologiepotenzial. Als drittes Analyseobjekt wurde Sany ausgewählt, da dieses chinesische Unternehmen derzeit noch nicht über ein ähnliches Technologiepotenzial oder Marktanteile verfügt. Jedoch hat Sany im stark wachsenden chinesischen Markt eine starke Präsenz und lokale Vorteile, sodass bei weiterer Verschiebung in Richtung dieses Marktes ein Gefahrenpotenzial besteht.

Der chinesische Markt wächst überdurchschnittlich stark, ebenso Südamerika. Daher ist es notwendig, auf diesen Märkten frühzeitig präsent zu sein und somit eine rechtzeitige Kundenbindung zu erreichen. Um auf diese Märkte zu gelangen, ist es aber notwendig, innovationsfähig zu sein, da hier insbesondere die Preise eine wichtige Rolle spielen. KUKA ist Innovationsführer aufgrund des Know-How-Vorteils gegenüber der Konkurrenz. Allerdings haben die Hauptwettbewerber DMG und SANY lokale Vorteile in den asiatischen Märkten. Diese Erkenntnis verdeutlicht, dass KUKA sich weiter in Richtung der Wachstumsmärkte diversifizieren sollte.

3.5. Unternehmensanalyse - Zusammenfassung

Strategieaussagen des Unternehmens:
- Ausbau Innovations- und Technologieführerschaft
- Erweiterung des Produktportfolios
- Diversifizierung nach Industrien und regionalen Märkten zur konsequenten Nutzung von Wachstumschancen (BRIC)
- Profitables Wachstum durch Effizienz- und Produktivitätssteigerung

Erkenntnisse aus dem Marketing-Mix:
- Hochpreisige & hoch differenzierte Produkte sowie ganzheitliche Produktlösungen werden primär über Fachmessen und ein Vertriebsnetz vertrieben
- Höchstes Ziel → Ausweitung des Absatzgebietes (weltweit)

Aufgedeckte Potenziale der KUKA AG:

Dynamic Capabilities	Innovationsschutz
Differenzierung	Wirtschaftlichkeit

4. Szenario-Analyse

4. Szenario-Analyse

Aus den bisherigen Ergebnissen des Branchenumfelds und der Unternehmensanalayse lassen sich im Folgenden unterschiedliche Szenarien erstellen und strategische Maßnahmen zur „Management-Unterstützung" ableiten.

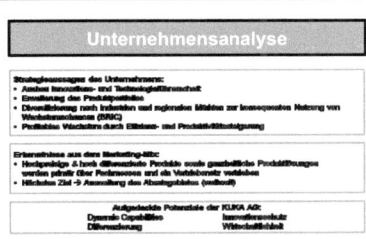

4. Szenario-Analyse

Best Case Szenario

- Chinesischer Markt wächst weiter → volle Auslastung der neu erbauten Fabrik → weiteres Wachstum in China und Asien (gesamt) wird forciert
- Zeitgleich starkes Wachstum in USA und Südamerika
- Zukäufe erweisen sich als Mehrwert für das Unternehmen → die zusätzlichen Vertriebskanäle und Marketingstrukturen können erfolgreich in die bestehenden integriert werden (überzählige Positionen bei zugekauften Unternehmen wurden abgebaut)
- Höhere Absätze → höhere Umsätze → höhere Gewinne → höhere Investitionen in F&E → Stärkung der Innovationsführerschaft → Ausbau des Erfolgsfaktors und Wettbewerbsvorteil ggü. Konkurrenz
- Services und Komplettlösungen werden stärker nachgefragt als erwartet

Eintrittswahrscheinlichkeit: mittel

Strategische Maßnahmen:
- Technologie- / Qualitätsführerschaft ausbauen
- Erweiterung der Produktion kritisch prüfen → ggf. weitere Werke
- Effiziente Nutzung des weltweit implementierten Vertriebsnetzes zur Generierung zusätzlicher LEADs
- Unternehmenswachstum in den USA weiter stärken
- Aus- und Weiterbildung von Servicetechnikern sowie Einstellung externer

4. Szenario-Analyse

Real Case Szenario

- Neue Konkurrenz in China (lokal und global)
- Stagnierende Marktanteile in BRIC-Staaten → DMG Mori Seiki beherrscht die Branche
- Anpassung der Rohstoffpreise
- Zukäufe erweisen sich als Mehrwert für die KUKA AG → allerdings aufwendige Integration in bestehende Strukturen
- Services und Komplettlösungen werden erwartungsgemäß stark nachgefragt

Eintrittswahrscheinlichkeit: hoch

> Strategische Maßnahmen:
> - Technologie- / Qualitätsführerschaft ausbauen
> - Konzentration auf erfolgreiche Implementierung des weltweiten Vertriebsnetzes mit kurzfristigem Zukunftsziel der LEAD-Generierung
> - Beschaffungsmanagement effektiv einsetzen → Einsparungen realisieren
> - Aus- und Weiterbildung von Servicetechnikern

4. Szenario-Analyse

Worst Case Szenario

- Chinesische Wirtschaft wächst weniger stark als erwartet / Robotermarkt ist gesättigt bzw. bricht ein → Kapital in Form des neu errichteten Werks in China gebunden
- Europäischer Markt wurde zu stark vernachlässigt und Konkurrenten gewinnen Marktanteile → steigende Konkurrenz aufgrund der Globalisierung → eigene Produkte werden nicht mehr nachgefragt
- Zu komplexe Lieferantenstruktur des Unternehmens behindert konstruktive Innovationen → Innovationen werden teurer
- Investitionen steigen insgesamt (F&E, Personalaufbau, Zukäufe inkl. Personalstamm [Know-How Träger])
- Plötzlich steigende Rohstoffpreise (z.B. durch politische Einflüsse)
- Unerwartete MEB in BRIC Staaten → First Mover haben MEB geschaffen

Eintrittswahrscheinlichkeit: gering

> Strategische Maßnahmen:
> - Kritische Prüfung, ob Markt für die KUKA AG noch lukrativ → evtl. Alternativmärkte
> - Heimatmarkt kritisch analysieren und eigene Position stärken durch bspw. erhöhte Marketingaktivitäten
> - Beschaffungsmanagement effektiv einsetzen → Einsparungen realisieren
> - Erhöhung der Flexibilität:
>   - Prüfung Outsourcing/ Personalfreisetzung
>   - Kooperationen ausbauen (z.B. F&E mit Hochschulen, etc.)

4. Szenario-Analyse

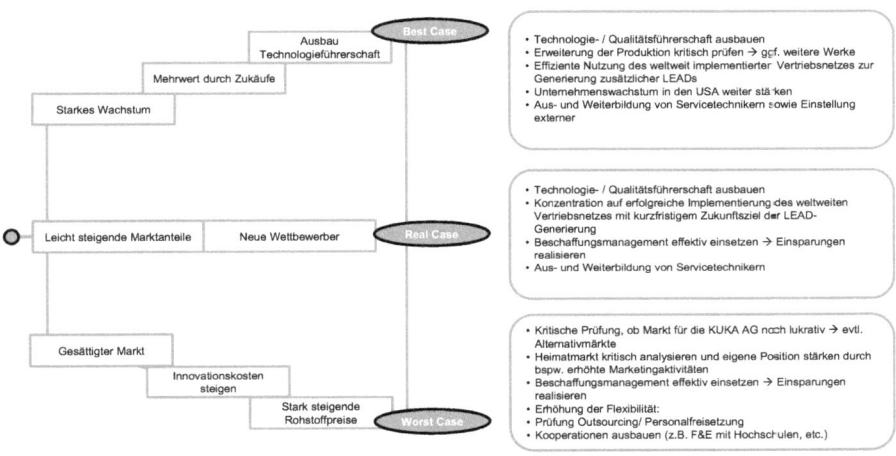

- Technologie- / Qualitätsführerschaft ausbauen
- Erweiterung der Produktion kritisch prüfen → ggf. weitere Werke
- Effiziente Nutzung des weltweit implementierter Vertriebsnetzes zur Generierung zusätzlicher LEADs
- Unternehmenswachstum in den USA weiter stä̈ken
- Aus- und Weiterbildung von Servicetechnikern sowie Einstellung externer

- Technologie- / Qualitätsführerschaft ausbauen
- Konzentration auf erfolgreiche Implementierung des weltweiten Vertriebsnetzes mit kurzfristigem Zukunftsziel der LEAD-Generierung
- Beschaffungsmanagement effektiv einsetzen → Einsparungen realisieren
- Aus- und Weiterbildung von Servicetechnikern

- Kritische Prüfung, ob Markt für die KUKA AG noch lukrativ → evtl. Alternativmärkte
- Heimatmarkt kritisch analysieren und eigene Position stärken durch bspw. erhöhte Marketingaktivitäten
- Beschaffungsmanagement effektiv einsetzen → Einsparungen realisieren
- Erhöhung der Flexibilität:
- Prüfung Outsourcing/ Personalfreisetzung
- Kooperationen ausbauen (z.B. F&E mit Hochschulen, etc.)

5. Handlungsempfehlungen

5. Handlungsempfehlungen

Probleme:

- geringe Chancen, Marktanteile von Marktführer DMG Mori Seiki abzugewinnen/ steigender Druck von ausländischer Konkurrenz
- Begrenztes Absatzvolumen, da Nischenmarkt
- Wenig flexibles Geschäftsmodell, sehr starke Abhängigkeit vom Hochpreis- Branchenzyklus

Lösungsansätze

Ausbau von Kompetenzen	Erweiterung des Geschäftsmodells	Stärkung der weltweiten Präsenz
• Intensivierung der Kooperation mit SIEMENS im Bereich der Steuerung • Neue Anwendungsfelder aufdecken und erschließen • Nutzung des Know-Hows von REIS (Robotics) und UTICA (Montage)	• Prüfung eines Joint-Ventures mit SIEMENS • Komplettübernahme der REIS GmbH (derzeit 51%) • Neue Produktlinie „BAUKASTEN", zunächst für BRIC-Staaten (ggf. unter anderer Marke)	Effiziente Nutzung der Vertriebsstrukturen und Produktionsstätten • REIS GmbH (Asien, Südamerika) • UTICA (USA) • Official KUKA System Partner (bestehendes Vertriebsnetz)

5. Handlungsempfehlungen

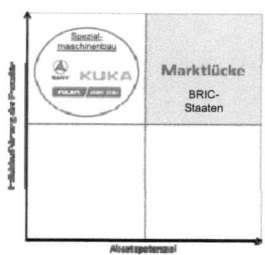

Um neue Marktanteile generieren zu können, ist es notwendig, in einen weiteren Markt zu diversifizieren. Hierfür wurde eine Marktlücke identifiziert, welche bisher nicht besetzt ist: Günstige und zugleich hoch individualisierte Roboter.
Diese Produkte sind insbesondere für die BRIC-Staaten relevant aufgrund der relativ geringen Einstiegskosten. Außerdem versprechen diese Märkte ein sehr großes Absatzpotenzial sowie exzellente Wachstumsaussichten.
Zudem besteht für KUKA die Chance, als First-Mover in die Marktlücke zu stoßen.

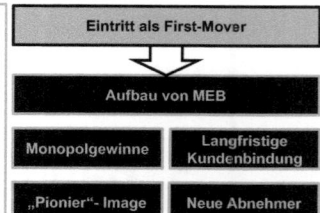

Umgesetzt werden soll diese Strategie mittels einer neuen Produktlinie, dem KUKA „BAUKASTEN". Hierbei werden Roboter mit Grundfunktionen zu einem günstigen Preis angeboten. Der Vorteil für KUKA entsteht durch die Möglichkeit, Upgrades für die Roboter zu mieten oder zusätzlich zu kaufen, um weitere Funktionen zu ermöglichen. Hierdurch verlängert sich der PLZ, die Reifephase und ebenso die Kundenbindung und Umsätze durch Services und Wartung. Hierdurch entstehen zusätzliche Gewinne für KUKA sowie die Möglichkeit zur Stärkung der weltweiten Präsenz und der Nutzung der First-Mover Vorteile. Allein in Asien liegt das Gesamtpotenzial für Industrieroboter im Jahr 2015 bei 116.700 Stück.

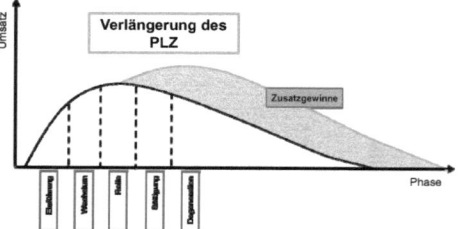

6. Quellenverzeichnis

 Strategieanalyse

6. Quellenverzeichnis

Internetquellen:

- http://www.kuka-ag.de (2013)
    - http://www.kuka-ag.de/de/company/group_statistics/, Abrufdatum 13.12.2013
    - http://www.kuka-ag.de/de/company/corporate_philosophy/, Abrufdatum: 15.12.2013
    - http://www.kuka-ag.de/de/company/strategy/, Abrufdatum: 15.12.2013
    - http://www.kuka-ag.de/de/press/kuka_publications/press_and_financial/PM_131213_majority_stake_in_Reis_Robotics.htm, Abrufdatum: 17.12.2013
    - http://www.kuka-ag.de/de/press/kuka_publications/press_and_financial/PM_131210_contract_for_1125_robots.htm, Abrufdatum 17.12.2013
    - http://www.kuka-ag.de/de/press/kuka_publications/press_and_financial/PM_131210_order_for_250_robots.htm, Abrufdatum 17.12.2013
- http://www.kuka-systems.com (2013)
    - http://www.kuka-systems.com/usa_nao/en/pressevents/news/NN_130415_KUKAUSA.htm, Abrufdatum 27.12.2013
- http://www.kuka-robotics.com (2013)
    - http://www.kuka-robotics.com/usa/en/pressevents/news/NN_130918_Siemens_and_KUKA_announce_cooperation.htm, Abrufdatum 27.12.2013
- http://www.manager-magazin.de/unternehmen/artikel/kuka-eroeffnet-werk-in-china-a-938158.html, Abrufdatum 17.12.2013
- http://www.maschinenmarkt.vogel.de/themenkanaele/automatisierung/robotik/articles/414146/, Abrufdatum 27.12.2013
- http://de.statista.com/statistik/daten/studie/237376/umfrage/geschaetzter-umsatz-im-maschinenbau-weltweit/, Abrufdatum 27 11.2013 .
- http://de.statista.com/statistik/daten/studie/181971/umfrage/ausgelieferte-industrie-roboter-nach-regionen-weltweit-bis-2013/, Abrufdatum: 14.12.2013
- http://www.germanchampions.de/kuka-ag-fuhrender-hersteller-von-robotergestutzter-automation, Abrufdatum: 20.12.2013

Literaturquellen:

- **Strategisches Management**, Welge, M.K., Al-Laham, A., Wiesbaden 2008
- **Strategisches Management**, Grant, R. M., Nippa, M., Oxford 2006
- **Erfolgsfaktoren der Strategieimplementierung**, Raps, A., Wiesbaden 2004
- **Business-to-Business –Marketing**, Godefroid, P., Pförtsch, W.A., Ludwigshafen 2008
- **Grundzüge der Volkswirtschaftslehre**, Mankiw, N.G., Taylor, M.P., Stuttgart 2008

BEI GRIN MACHT SICH IHR WISSEN BEZAHLT

- Wir veröffentlichen Ihre Hausarbeit,
  Bachelor- und Masterarbeit

- Ihr eigenes eBook und Buch -
  weltweit in allen wichtigen Shops

- Verdienen Sie an jedem Verkauf

Jetzt bei www.GRIN.com hochladen
und kostenlos publizieren